NOTICE

M. MAILLARD

ANCIEN PRÉSIDENT DE SECTION

AU CONSEIL D'ÉTAT

NOTICE

SUR

M. MAILLARD

ANCIEN PRÉSIDENT DE SECTION AU CONSEIL D'ÉTAT

PAR

E. REVERCHON

AVOCAT AU CONSEIL D'ÉTAT ET A LA COUR DE CASSATION

ANCIEN MAÎTRE DES REQUÊTES

PARIS

IMPRIMERIE DE SIMON RAÇON ET Cie

1, RUE D'ERFURTH

MAI 1855

NOTICE

SUR

M. MAILLARD

ANCIEN PRÉSIDENT DE SECTION AU CONSEIL D'ÉTAT

I

Le 19 janvier 1854, une foule nombreuse se pressait dans l'étroite enceinte de l'église des Petits-Pères, pour rendre les derniers devoirs à M. Maillard, ancien président de section au conseil d'État. A côté des amis que M. Maillard avait acquis et conservés dans tous les rangs de la société, à côté de ses anciens collègues de la Chambre des pairs et de ses collègues du Sénat de 1853, le même deuil avait réuni aux membres du Conseil d'État actuel presque tous les hommes qui, depuis vingt-cinq ou trente ans, ont siégé, à des titres divers, dans cette assemblée, et que les hasards des révolutions ou les caprices de la politique ont dispersés dans d'autres carrières ; aucun de ceux qui habitent Paris ne manquait à ce funèbre rendez-vous.

Ce concours de sentiments, d'ailleurs si divergents à d'autres égards, ne s'expliquait pas seulement par l'extrême bonté de l'homme qui descendait alors dans la tombe ; il tenait à une cause plus élevée encore. En M. Maillard disparaissait un de ces types que la génération actuelle ne connaîtra bientôt plus que par tradition et par souvenir. Témoin de toutes nos agitations et de toutes nos vicissitudes, M. Maillard était demeuré étranger aux luttes personnelles des hommes et des partis ; il s'était renfermé dans le rôle, relativement modeste, et pourtant considérable, qui appartient à l'administration proprement dite dans notre pays ; il avait successivement, et par son seul mérite, atteint les degrés les plus élevés de cette situation, et c'est de là qu'il avait assisté, pendant cinquante ans, au développement des alternatives si brusques que nous avons traversées. Il en avait assurément rapporté une impartialité qui, sans aller jusqu'à l'indifférence, semblait parfois y toucher sur certaines questions de formes politiques ; il n'y avait pas du moins contracté ce scepticisme qui accepte avec la même facilité tous les excès ; il y avait porté et il avait su y conserver un respect profond et surtout sainement compris pour le dogme de l'autorité. Même quand le pouvoir lui paraissait s'égarer, M. Maillard se faisait une loi de ne pas affaiblir, en résistant sans d'impérieux motifs, le principe permanent que représentaient les hommes investis passagèrement de ce pouvoir. Mais précisément parce qu'il l'avait placé à la hauteur d'un devoir, il assignait à ce sentiment les limites du devoir lui-même ; il ne le faisait pas descendre aux proportions et aux formes d'une basse et banale adulation, que la distinction de son esprit et l'honnêteté de son cœur concouraient à repousser ; il savait tempérer cette préoccupation et cette habitude de sa nature par la modération, qui constitue, en toutes choses, la raison et la sagesse.

Ce trait saillant du caractère de M. Maillard n'a jamais été, il faut en convenir, le trait dominant du caractère français, duquel on peut surtout dire ce que disait Luther de l'esprit humain : *Il ressemble à un paysan ivre à cheval, retombant d'un côté quand on le relève de l'autre.* Sous ce rapport, à ce point de vue, M. Maillard a été une exception que l'époque actuelle est impropre à reproduire. Le culte à la fois persévérant et intelligent d'un grand principe a inspiré et réglé toute sa vie ; il l'a préservé des exagérations dans lesquelles sont tombés tant d'hommes qui se sont tour à tour constitués les pontifes ou les sectateurs des saturnales révolutionnaires et du fétichisme despotique ; il a fait l'unité réelle et sérieuse de sa longue carrière.

En exprimant ces réflexions, le jour même des obsèques de M. Maillard, quelques-uns des assistants s'affligeaient de ce que nulle voix amie ne pouvait alors lui dire, au nom de tous, un dernier adieu [1]. Peut-être, cependant, ne faut-il pas trop le regretter : le survivant qui se risque à parler sur le bord d'un cercueil a bien de la peine à ne penser qu'au mort ; la religion a presque seule le droit de prendre la parole en un pareil moment, parce qu'elle peut élever et qu'elle élève sur ce cercueil même une chaire sainte, une tribune sacrée. D'ailleurs, le hasard des convenances ou des exigences officielles peut quelquefois, dans de telles occasions, imposer aux regrets communs un organe qui n'exprime guère, qui froisse, peut-être, leur sympathique et sincère vivacité.

Mais, maintenant que l'heure des funérailles est passée, que les scrupules ou les inquiétudes auxquels je viens de faire allusion ont cessé, un devoir pieux, dont la tristesse même a son charme et sa douceur, peut trouver sa satisfaction à faire ressortir l'harmonie constante de cette existence si bien remplie, et à retracer l'image de l'homme qui a laissé à sa famille, à tous ses amis, de si chers souvenirs. Ce devoir est surtout un besoin pour ceux que M. Maillard appelait ses enfants du conseil d'État : c'est à ce titre sans doute

---

[1] A l'issue de la cérémonie religieuse, le corps a été immédiatement conduit au cimetière de la Charrière (Deux-Sèvres), où M. Maillard avait manifesté le désir d'être inhumé, auprès de sa femme et de ses enfants.

que j'ai été l'objet de l'appel bienveillant auquel je viens essayer de répondre.

Toutefois, si je n'eusse consulté ici que les intérêts de mon amour-propre, une juste défiance de mes forces aurait éveillé en moi de légitimes hésitations. Mais, après tout, la tâche que j'ai acceptée voulait être accomplie par le cœur bien plus que par l'esprit ; elle portait ainsi en elle-même l'atténuation de ses difficultés. Il m'a semblé, en outre, que, n'appartenant plus au Conseil d'État, je serais moins soupçonné qu'un autre d'exagérer, par habitude ou par intérêt de corps, l'éloge d'un de ses meilleurs et plus dignes représentants. Il m'a été donné, enfin, après avoir reçu de M. Maillard, dans le Conseil d'État, les plus bienveillants encouragements, de terminer cette partie de ma carrière le même jour et par le même motif que lui : c'était un lien de plus entre nous ; c'est aujourd'hui pour moi une excuse de plus à tenter une simple esquisse, à laquelle d'autres pourraient donner le caractère et les proportions d'un portrait achevé.

II

M. Maillard (Charles-Jean-Firmin), fils d'un administrateur général des domaines, était né à Paris le 2 avril 1774. Il fit ses études au collége d'Harcourt. A en croire le témoignage unanime de ceux de ses anciens condisciples qu'il m'a été donné de connaître, il fut un des meilleurs et des plus brillants élèves de ce célèbre établissement.

La fortune de M. Maillard père fut, comme beaucoup d'autres, atteinte par les événements révolutionnaires, et M. Maillard fils, sans y être pourtant obligé, n'hésita pas à demander au travail, dont il avait heureusement contracté l'habitude, les moyens de s'ouvrir une carrière utile. Il était élève de l'école des ponts et chaussées, lorsqu'une loi du 7 vendémiaire an III (28 septembre 1794) créa l'école centrale des travaux publics, qui devint bientôt l'école polytechnique (lois des 15 fructidor an III et 30 vendémiaire an IV, ou des 1er septembre et 22 octobre 1795). La pensée intime du législateur était alors de supprimer, autant que possible, les écoles spéciales des services publics ; les élèves de l'école des ponts et chaussées furent en conséquence excités à se présenter aux examens pour l'école centrale ; M. Maillard fut de ceux qui subirent avec succès cette épreuve, et il fut admis à cette école le 30 novembre 1794.

Toutefois, en sortant de cette institution, il n'entra dans aucun des services publics au recrutement desquels elle était destinée ; pendant quelques années, il se prépara, par des travaux particuliers, à la carrière administrative qu'il désirait embrasser, et dont l'accès lui fut enfin ouvert après le 18 brumaire.

III

A la suite de la cession de la Louisiane à la France par l'Espagne, le Premier Consul avait formé de ce pays un département, dont l'administration était organisée sur le modèle de celle de la France. Le 9 octobre 1802, M. Maillard fut nommé sous-préfet de l'arrondissement de la Haute-Louisiane. Il se rendit en Hollande, où il comptait s'embarquer pour sa lointaine résidence ; mais, dans l'intervalle, la rétrocession de la Louisiane aux États-Unis mit un terme à ses fonctions avant qu'il eût pu en prendre possession.

Ce fut pendant ce premier séjour en Hollande qu'il connut, à La Haye, M. de Sémonville, alors ministre de France en Hollande. Cinquante ans après, en novembre 1852, M. Maillard, dans une de ces conversations que la merveilleuse sûreté de sa mémoire rendait si pleines de variété et d'intérêt, racontait un entretien qu'il avait eu à cette époque avec M. de Sémonville, et qui n'avait guère été, en définitive, que la reproduction affaiblie et décolorée de quelques paroles de l'homme qui remplissait alors le monde de l'éclat d'une gloire et d'un génie dans tout leur prestige. « Si je vis encore cinq ans, avait dit le Premier Consul à M. de Sémonville, je serai plus grand que César ; si je vis dix ans, je serai plus grand que Charlemagne. Il faut reconstruire l'Europe ; mais pour cela il faut la conquérir, et j'ai besoin de dix ans. »

M. de Sémonville ayant émis cette pensée, que, si le Premier Consul venait à être enlevé à la France, son frère Lucien pourrait lui succéder, comme Auguste à César, son interlocuteur reprit :

« Ah ! vous êtes aussi de ceux qui ont pris leurs idées sur Auguste dans Rollin, dans Crevier ! Ah ! vous croyez aussi qu'Auguste a été moins grand que César ! Vous ne voyez pas qu'il lui a été bien supérieur ! A dix-neuf ans, il prend la dictature, il soutient et prolonge quinze ans la guerre civile, il se défait d'Antoine et de Lépide, il surprend et subjugue tout le monde, peuple, sénat, amis, ennemis ; et vous ne reconnaissez pas sa supériorité ! Lucien, lui, n'en aurait pas pour huit jours. Si je meurs avant le temps, soyez sûr que les Bourbons me succéderont, et vous êtes de ceux auxquels ils s'adresseront[1]. »

---

[1] Je ne sais si ce récit a été publié quelque part ; je me borne à dire qu'il m'a tellement frappé, que, le soir même, je l'ai consigné par écrit dans les termes que je viens de retracer.

IV

Le 17 décembre 1803, M. Maillard fut appelé à
la sous-préfecture de Saint-Jean-d'Angely (Charente-
Inférieure), qu'il a occupée jusqu'au commencement
de 1809. Etranger à ce pays, M. Maillard ne tarda
pas à s'y faire remarquer comme administrateur ; il
sut en même temps s'y créer des relations et des
amitiés qui en firent pour lui une seconde patrie,
et qui lui sont demeurées d'autant plus fidèles qu'il
n'a jamais cessé, malgré le temps et l'éloignement,
de les cultiver par une obligeance incessante. C'est
de cette époque, notamment, que date son mariage ; il
épousa mademoiselle Monteuil, de Niort, et il trouva
dans cette alliance un bonhenr vers lequel, même
après les pertes cruelles qui vinrent en traverser et
en abréger le cours, il reportait encore sa pensée,
dans ses derniers jours, avec le sentiment le plus
profond. Trois enfants lui étaient nés de cette union ;
tous trois furent emportés, dans l'espace de quelques
semaines, par le croup en 1814, et madame Maillard,
après avoir longtemps langui sous le poids de cette
accablante douleur, lui fut enlevée aussi en 1838.
« Eh bien ! disait-il en 1853, même au prix de si

amères douleurs, je ne voudrais pas n'avoir pas été mari et père; le vide est bien grand quand le mari survit à sa femme, et le père à ses enfants; le vide est plus grand encore pour l'homme qui vieillit sans avoir connu les joies de la famille et de la paternité. »

V

Le 12 février 1809, M. Maillard, alors âgé de trente-quatre ans révolus, fut nommé auditeur au Conseil d'État. L'institution des auditeurs, ainsi que l'a dit M. le comte Portalis devant la Chambre des pairs en 1834, *est une de ces conceptions heureuses et fécondes que l'expérience a justifiées;* dès sa création. elle a fourni au Conseil d'État de laborieux auxiliaires, et elle n'a jamais cessé de compter des noms illustres dans les postes les plus élevés [1]. On voit, du reste, qu'à cette époque l'auditorat n'était pas considéré comme un simple noviciat, destiné seulement à la première jeunesse; on voit que l'Empereur y faisait entrer des hommes dont l'âge attestait la matu-

---

[1] Pour ne parler que de l'Empire, M. Mounier, M. Portalis, M. de Broglie, M. Girod (de l'Ain), etc., ont été auditeurs au Conseil d'Etat.

rité, et dont les services antérieurs y trouvaient déjà un premier avancement et une première récompense. Aussi ne faut-il pas s'étonner que les auditeurs de ce temps fussent fréquemment appelés à des missions sérieuses, devant lesquelles l'inexpérience de leurs jeunes successeurs aurait quelquefois dû reculer plus tard.

M. Maillard fut, à ce titre, chargé, en 1809, d'aller examiner et étudier sur place le système des polders (digues et canaux) de la Belgique et de la Hollande. L'ancien élève de l'école polytechnique rencontra là l'occasion d'appeler ses études spéciales à l'aide de ses connaissances et de son expérience administratives, et, lorsqu'il revint à Paris, le rapport qu'il présenta au ministre de l'intérieur (M. de Montalivet) parut assez digne d'intérêt à ce ministre pour être soumis à l'Empereur lui-même en Conseil d'État. L'auditeur eut à soutenir, à expliquer, à débattre son œuvre devant ce juge éminent ; l'Empereur, après une assez longue discussion, termina la séance par ces mots, qui contenaient une nomination : *Je suis de l'avis de M. le* MAITRE DES REQUÊTES *rapporteur*. C'est ainsi que, sur le champ de bataille même, M. Maillard conquit la première épaulette de son arme ; il en fut régulièrement investi par un décret du 13 janvier 1811, qui le nomma maître des requêtes en service extraordinaire, et directeur des polders et canaux de la Hollande.

VI

A la première restauration, M. Maillard fut compris, comme maître des requêtes en service ordinaire, dans l'organisation du Conseil d'État (ordonnance du 5 juillet 1814). Pendant les Cent-Jours, il fut nommé préfet de la Côte-d'Or ; mais des raisons personnelles l'empêchèrent d'accepter ces fonctions, et il demeura maître des requêtes.

Après cet éphémère retour de la fortune impériale, M. Maillard cessa un instant d'appartenir au Conseil d'État ; il y fut toutefois rappelé comme maître des requêtes en service extraordinaire, le 4 novembre 1818, et comme maître des requêtes en service ordinaire, le 20 janvier 1819. Attaché alors à la section du contentieux, il en devint promptement l'un des membres les plus actifs et les plus laborieux : le recueil des arrêts du Conseil d'État constate que, pendant cette période, de 1820 à 1830, le nom d'aucun rapporteur ne revient plus souvent et dans des affaires plus importantes.

VII

Vers la même époque, M. Maillard s'était retrouvé au Conseil d'État avec M. de Vérigny, l'un de ses anciens camarades de l'école polytechnique, conseiller d'État depuis 1824, et député du Calvados. M. de Vérigny était l'un des membres influents de cette majorité de la chambre élective, qui soutenait alors l'administration de M. de Villèle. M. Maillard, étranger par sa position et par la modération de son caractère aux querelles des partis, avait bien parfois quelques sujets de dissidence avec son ami sur les questions politiques du jour; mais la chaleur et l'intimité de leur mutuelle affection n'en furent pas un instant altérées, et lorsque, vingt-cinq ans après, nous exprimions à M. Maillard les sentiments que nous inspirait sa bonté, il nous répondait : « Je suis bon, dites-vous; eh bien! si cela est vrai, c'est que j'ai eu un bon ami. Que voulez-vous? on ne touche pas à la rose sans s'imprégner un peu de son parfum. »

Dans le courant de 1825, M. de Vérigny sentit approcher sa fin. Fort lié lui-même avec M. de Villèle, il remit à ses filles, pour ce ministre, une lettre par laquelle, voulant tout à la fois rendre un dernier ser-

vice au gouvernement qu'il avait fidèlement soutenu
et donner un dernier témoignage d'attachement à son
ami, il priait M. de Villèle de proposer au Roi la nomination de M. Maillard aux fonctions de conseiller
d'État en service ordinaire, que lui-même allait lais-
ser vacantes. Les volontés de M. de Vérigny, ignorées
de M. Maillard, furent religieusement exécutées après
sa mort : un témoin oculaire, qui a siégé dans le Conseil d'État depuis cette époque, et qui remplissait alors
des fonctions de confiance auprès de M. de Villèle, a
souvent raconté l'émotion qu'éprouva ce dernier, lorsque les filles de M. de Vérigny vinrent remplir auprès
de lui la mission de leur père ; un ministre n'est
guère habitué à des sollicitations si désintéressées et
si pures, et ce fut avec un véritable empressement
qu'il promit d'accomplir le vœu de son ancien col-
lègue et ami. La lettre fut mise en effet sous les yeux
du Roi, et quelques jours après, le 3 novembre 1825,
M. Maillard était nommé conseiller d'État en service
ordinaire, en remplacement de M. de Vérigny. Comme
on le voit, l'avancement du conseiller d'État se réali-
sait dans des circonstances qui n'étaient pas moins
exceptionnellement honorables que celui du maître
des requêtes : nous ne savons pas si, alors et même
depuis, il s'est rencontré beaucoup de promotions
aussi noblement justifiées.

VIII

La Révolution de juillet, qui, dès le lendemain de sa victoire, ne fut guère qu'une réaction perpétuelle de modération contre le danger de son origine, laissa dans le Conseil d'État tous ceux qui n'y étaient entrés ou n'y avaient justifié leur présence que par des services administratifs. D'ailleurs, M. Maillard, quoiqu'il n'eût pas désiré et qu'il eût été heureux d'empêcher la chute du gouvernement de la Restauration, n'hésita pas, une fois l'événement consommé, à penser que, pour un citoyen indépendant et dévoué à son pays, il n'y avait plus deux conduites à tenir ; à ses yeux, le devoir commandait de se rallier franchement au pouvoir nouveau et de le seconder dans l'accomplissement de sa difficile mission. Libre de tout engagement personnel ou politique, il demeura fidèle à la loi qu'il s'était faite de venir en aide à l'autorité, en concourant, autant que possible, à la relever des atteintes qu'elle subissait. Il fut, en conséquence, maintenu dans ses fonctions de conseiller d'État en service ordinaire. (Ordonnance du 20 août 1830.)

Au mois de mai 1832, la France perdit M. Cuvier, qui n'était pas seulement l'un des plus grands génies dont la science ait pu jamais s'enorgueillir, mais qui était aussi l'une des plus grandes lumières du Conseil d'État, où il présidait alors le comité de l'intérieur. La pensée du garde des sceaux [1], pour remplacer M. Cuvier dans ce dernier poste, se porta d'abord sur M. Maillard. Mais ce dernier, fidèle à ces sentiments de bonne confraternité et de patiente modération [2], qui ont servi de règle à toute sa vie, déclina un honneur qu'il jugeait prématuré, et qui lui paraissait revenir à l'un de ses anciens, à l'un de ses collègues les plus affectionnés; sur son refus, M. le baron Hély-d'Oissel fut appelé à succéder à M. Cuvier.

Toutefois, dès l'année suivante, la mort de M. Hély-d'Oissel ouvrit de nouveau la même succession : cette fois, M. Maillard, malgré sa prédilection pour les travaux de la section du contentieux, accepta la promotion qui lui fut offerte de nouveau, et en conséquence, par arrêté du ministre de la justice [3], du 5 février

---

[1] M. Barthe.

[2] Quod multos, etiam bonos, pessum dedit, qui, spretis quæ tarda cum securitate, præmatura vel cum exitio properant. (TACITE, *Annales*, III, 66.)

[3] Les ministres étaient alors les présidents titulaires des comités du Conseil d'Etat correspondant à leurs départements respectifs. En fait, ils n'usaient pas de cette prérogative, et, dans chaque comité, un Conseiller d'Etat était nommé vice-président par le ministre de la justice. C'est la loi du 19 juillet 1845 qui a substitué la nomination par ordonnance royale à la nomination par arrêté ministériel.

1833, il fut appelé à la vice-présidence du comité de l'intérieur.

A cette époque, le Conseil d'État était divisé en quatre comités : 1° législation et justice administrative ; 2° intérieur ; 3° finances ; 4° guerre et marine. Le premier de ces comités était surtout chargé de l'instruction des affaires contentieuses ; les trois autres se partageaient les affaires administratives proprement dites. Mais, dans ce partage, le comité de l'intérieur avait, à lui seul, une importance double de celle des deux autres comités réunis. Il correspondait aux départements de l'intérieur, de l'instruction publique, des cultes, du commerce et des travaux publics, pour celles des affaires de ces départements qui, soit d'après les dispositions obligatoires des lois et règlements, soit d'après le renvoi facultatif qu'en faisaient parfois les ministres, étaient soumises à l'examen de ce comité. Aussi le nombre total de ces affaires, à une époque où la centralisation n'avait pas encore été restreinte dans les limites qui lui ont été assignées, plus tard, par le décret du 25 mars 1852, se traduisait, chaque année, par des chiffres énormes, que le développement croissant des travaux publics et des intérêts du commerce et de l'industrie augmentait sans cesse. Ce dernier motif détermina même, en 1838, la création du comité des travaux publics, de l'agriculture et du commerce[1].

---

[1] Ordonnance du 5 février 1838.

Mais, malgré cette mesure, le comité de l'intérieur aurait eu peine à suffire à son immense tâche, s'il n'eût trouvé dans son président deux qualités précieuses : l'activité secondée par l'expérience, la promptitude et la sagacité d'un jugement qui ne se perdait jamais dans les détails.

C'est pendant cette dernière partie de sa carrière que M. Maillard devint plus particulièrement le protecteur, le patron, le défenseur, sinon de tous ces auditeurs qu'il a vus passer en si grand nombre et si rapidement devant lui, du moins de tous ceux (et la liste en serait longue encore) qui lui ont paru mériter son intérêt et son appui. Certes il ne prodiguait pas sans mesure une bienveillance dont la banalité eût détruit le prix et le crédit, et je n'oublie pas qu'il aimait à s'abriter de temps en temps derrière ce précepte de son poëte favori :

Qualem commendes etiam atque etiam aspice, ne mox
Incutiant aliena tibi peccata pudorem.

Cependant il ne lui est guère arrivé d'avoir à se repentir de la froideur qu'il a parfois opposée à certaines prétentions, et, sans trahir les confidences des dernières années de sa vie, je serais bien plutôt autorisé à dire que, dans quelques circonstances, il a pu regretter sa trop obligeante facilité. Ces mécomptes, au surplus, ont été rares, et ils ne l'ont jamais dé-

couragé : le cœur, chez lui, a conservé jusqu'au dernier jour la chaleur, je serais presque tenté de dire
les illusions de sa généreuse jeunesse.

IX

M. Maillard était, avant tout, l'homme du Conseil
d'État ; mais, en cette qualité même, les ministres
étaient naturellement amenés à faire de fréquents ap-
pels à son expérience, dans l'intérêt de la bonne éla-
boration des questions administratives dont ils avaient
à s'occuper, et il serait à la fois difficile et fastidieux
d'énumérer toutes les commissions, soit temporaires,
soit permanentes, aux travaux desquelles il a con-
couru. Pendant de longues années, notamment, il a
présidé la commission mixte des travaux publics.

Une ordonnance royale du 7 mars 1839 l'avait
élevé à la dignité de pair de France. Une autre ordonnance du 1ᵉʳ mai 1844 l'a nommé grand officier de la
Légion d'honneur : il était chevalier de l'ordre depuis
le 30 juin 1811, officier depuis le 27 avril 1833, et
commandeur depuis le 23 janvier 1856.

X

Au moment de la Révolution de février, le Conseil d'État venait de perdre l'homme éminent[1] qui le présidait, depuis 1832, avec cette double supériorité de l'intelligence et du caractère qu'il est bien rare de réunir. L'un des premiers actes du gouvernement provisoire fut d'appeler à ces fonctions un homme dont les antécédents auraient pu ne pas garantir entièrement la modération. Mais, heureusement infidèle à cette origine révolutionnaire, le nouveau président du Conseil d'État comprit sur-le-champ que son premier devoir était de défendre le Conseil d'État, c'est-à-dire de combattre, d'empêcher, de diminuer du moins la réaction contre les personnes et contre l'institution ; il protégea contre des velléités de destitution, assurément plus naturelles ou plus excusables alors que dans d'autres occasions, ceux des membres du Conseil d'État que leur participation personnelle à la politique du dernier ministère de la monarchie de Juillet ne condamnait pas sans retour aux yeux du gouvernement nouveau, et il parvint, sinon à les sau-

---

[1] M. Girod (de l'Ain), mort le 27 décembre 1847.

ver tous, du moins à sauver plusieurs de ceux qui furent un instant menacés. C'est là un souvenir qui peut en atténuer d'autres, et la justice commande, aujourd'hui surtout, d'en tenir compte.

Ce fut ainsi que M. Maillard, devenu, par la mort de ses anciens, le doyen du Conseil d'État, conserva la présidence du comité (ou de la section) de l'intérieur.

Au mois d'avril 1849, l'Assemblée constituante procéda, en exécution de la loi organique du 3 mars précédent, à la nomination des conseillers d'État. M. Maillard fut au nombre des élus, et, trois mois après, soumis de nouveau, avec la moitié de ses collègues, à la même épreuve, il fut réélu par l'Assemblée législative[1].

A la suite de cette réélection, il fut élu président de la section du contentieux, qui constituait alors, dans le Conseil d'État, non plus un simple comité de préparation et d'instruction des affaires, mais un tribunal souverain, investi d'une juridiction propre en matière contentieuse.

Ce n'est assurément pas le lieu de retracer ici l'histoire de cette institution et les principes généraux sur lesquels elle repose. Trop peu répandue encore, la connaissance de la science administrative a cependant fait, depuis vingt ans, d'irrécusables progrès ;

---

[1] A la première élection, M. Maillard n'avait été nommé que le 11e sur 40, et par 396 suffrages, sur 710 votants. A la seconde élection, il fut nommé le 2e, par 390 suffrages, sur 518 votants.

le cercle des hommes qui se consacrent au culte et à
la propagation de cette science s'est graduellement
étendu, et, grâce à leurs travaux, grâce à l'importance
des intérêts engagés dans cet ordre de questions, grâce
enfin au Conseil d'État lui-même, on a plus complétement compris chaque jour, non-seulement la nécessité, mais les avantages de la juridiction[1] contentieuse qui appartient à ce corps éminent. Son rôle ne
comporte pas, il faut en convenir, le retentissement qui
accompagne l'action de la justice civile et criminelle
dans notre pays; ses services n'ont pas eu, ils ne pouvaient pas avoir l'éclat de la gloire qui, au temps du
premier Empire, a rejailli sur le Conseil d'État associé à l'exercice de la puissance législative; toujours
ils ont eu le mérite d'une sérieuse et profonde utilité.
Établie en vertu et pour la défense du principe de la
séparation des pouvoirs administratif et judiciaire,
organisée tout à la fois pour sauvegarder les règles
dont le premier de ces pouvoirs a besoin d'être constamment armé, et pour en assujettir la marche,
dans une juste mesure, aux formes et au respect du

---

[1] Cette expression, que j'emploie *brevitatis causa*, n'est pas parfai-
tement exacte ; elle l'est moins aujourd'hui qu'aux époques antérieures.
Ceux qui voudront s'en convaincre n'auront qu'à lire les chapitres con-
sacrés au Conseil d'Etat dans le dernier travail d'un homme que la
mort vient d'enlever, non pas au Conseil d'Etat, auquel il n'appartenait
plus que par d'honorables souvenirs, mais à sa famille, à ses amis, à la
science du droit administratif. (*Etudes administratives de M Vivien*,
deuxième édition.)

droit, la juridiction contentieuse du Conseil d'État n'a certainement jamais failli à cette double mission. Cependant, si l'on jette un regard rétrospectif sur le passé, sur la période antérieure à 1831, que d'erreurs, que de préjugés on rencontre, même chez les publicistes et les jurisconsultes, en ce qui touche la destination et le mécanisme de ce grand rouage de nos institutions ! quel chemin il a fallu faire pour déraciner ces préjugés et ces erreurs, et pour leur substituer sur ce sujet les idées qui sont devenues pratiques, vulgaires, incontestées ! Sans exhumer de l'oubli qui les couvre les productions de l'ignorance ou de passions éphémères, il suffit de rappeler qu'en 1828, un écrivain déjà illustre, un homme d'État éminent, et dont le caractère, par une rare exception, n'est pas resté moins éminent que le talent, M. le duc de Broglie donnait à la *Revue française* un article dans lequel il contestait l'existence ou du moins il méconnaissait le caractère du contentieux administratif, et, par suite, il proposait de renvoyer aux tribunaux civils la plus grande partie des affaires de cette nature. Quelques années s'étaient écoulées depuis cette époque, et, lorsque les chambres législatives de la monarchie constitutionnelle discutaient, en 1843 et 1845, la loi sur le Conseil d'État, aucune voix ne s'élevait pour reproduire cette théorie. Il y a plus : même en 1848 et 1849, même à un moment où toutes les hardiesses de l'esprit se donnaient libre carrière dans le travail législatif, la nécessité du Conseil d'État, considéré comme juge du contentieux administratif, n'a pas été sérieusement mise en question ; le principe de la juridiction administrative est sorti triomphant, presque sans combat, de cette redoutable épreuve.

C'est que, depuis 1831, la publicité, introduite alors dans la procédure du Conseil d'État par l'heureuse et féconde initiative d'un gouvernement intelligent et sagement libéral [1], a jeté sur les travaux de ce haut tribunal un jour qui, par l'effet naturel de la lumière, a graduellement diminué les préventions établies, a permis au Conseil d'État de marcher d'un pas plus ferme dans la voie ouverte devant lui, et l'a puissamment aidé à conquérir l'estime et la confiance publiques. Ce n'est pas que cette innovation n'ait rencontré bien des contradicteurs dans un pays comme le nôtre, souvent aussi rebelle aux réformes qu'accessible aux révolutions. *Elle a soulevé bien des objections, même de la part des hommes éminents qui composaient le Conseil d'État, et qui s'élevaient avec force contre ce qu'ils appelaient l'*INVASION DES IDÉES JUDICIAIRES DANS L'ADMINISTRATION. *Heureusement ces objections, ces alarmes, n'ont pas prévalu ; l'expérience les a hautement démenties. La publicité a été utile aux parties sans doute ; elle a été mille fois plus utile à l'administration, à la juridiction administrative elle-même* [2].

[1] Ordonnances royales des 2 février et 12 mars 1831.

[2] Extrait de conclusions données devant le Conseil d'État actuel, à sa

Nul ne s'est plus sincèrement associé à ce progrès que M. Maillard, soit comme membre du service ordinaire du Conseil d'État, délibérant au contentieux sous l'empire des lois et règlements antérieurs à 1849, soit comme président de la section du contentieux, telle qu'elle avait été organisée par la loi du 3 mars 1849.

Cette dernière période de sa vie, à laquelle il m'a été donné d'assister d'une façon plus intime, a particulièrement contribué à illuminer d'une vive clarté à mes yeux la tendance permanente et fondamentale de son esprit. M. Maillard n'était pas de ceux qui se figurent que la juridiction administrative est chargée de donner raison, envers et contre tous, envers et contre la justice, à l'administration seule : d'une part, il maintenait, il appliquait avec fermeté, en toute circonstance, les principes qui font et doivent faire la force de l'administration ; d'autre part, dans l'appréciation des faits particuliers, il ne se croyait pas tenu de prendre la défense des actes qui ne lui paraissaient pas de nature à être raisonnablement et justement défendus : selon lui, l'intérêt administratif, sainement entendu, condamnait, au lieu de les réclamer, de tels excès de zèle et de susceptibilité. Mais

premièrc séance, en février 1852. — (*Recueil des Arrêts du Conseil d'Etat*, 1852, page 16 ; Dalloz, *Recueil périodique*, 1852, 3ᵉ partie, page 23 ; Sirey, *Recueil périodique*, 1852, 2ᵉ partie, page 379.)

en même temps, ce n'était pas seulement sur les principes qu'il ne transigeait pas, c'était aussi sur la orme des décisions, qu'il travaillait à concilier constamment avec les ménagements dus à l'autorité, avec le respect qu'il s'efforçait de lui conserver.

Un autre souvenir de cette même époque, que je ne me pardonnerais pas d'oublier aujourd'hui, c'est celui de la bienveillance et de l'urbanité parfaite que M. Maillard n'a cessé de mettre dans ses rapports avec les avocats au Conseil d'État. A certaines époques, il s'est quelquefois rencontré des avocats qui, parvenus tout à coup à des positions élevées, se croyaient obligés ou intéressés à faire oublier la roture de leur origine, et, ne pouvant y réussir autrement, s'imaginaient atteindre ce but par la morgue de leurs procédés vis-à-vis de leurs confrères et égaux de la veille. Quant à M. Maillard, la distinction de sa nature et de son esprit l'a surabondamment préservé du malheur, elle lui aurait même enlevé la possibilité de s'abaisser à cet étrange travers.

XI

Le coup d'État du 2 décembre 1851 ne surprit pas M. Maillard, qui s'y attendait depuis quelque temps, et qui, dans l'état d'impuissance où l'Assemblée nationale était tombée, n'avait pas grand mérite à en prévoir le succès. L'une des conséquences de cette mesure fut la dissolution du Conseil d'État. Sur les quarante conseillers d'État qui composaient cette assemblée, dix-huit crurent devoir signer une protestation contre le coup d'État[1]. M. Maillard, plutôt favorable qu'hostile au changement qui s'accomplissait, s'abstint de joindre sa signature à celle de ces dix-huit collègues.

Toutefois cet événement lui parut avoir amené le terme de sa carrière administrative. Il crut, en conséquence, devoir demander la liquidation de sa pension de retraite, et un décret du 26 décembre 1851 lui accorda la pension de six mille francs, à laquelle il avait droit pour quarante-cinq ans dix-neuf jours de services publics.

Mais le prince qui annonçait l'intention de réédifier le système d'institutions fondé par le Premier Consul au commencement de ce siècle, ne pouvait manquer de faire appel à l'expérience de l'un des derniers représentants du Conseil d'État de l'Empire, au moment où il s'agissait de réorganiser le Conseil d'État nouveau. M. Maillard fut en effet convoqué, avec d'autres

---

[1] Il n'est pas sans intérêt, aujourd'hui, de se reporter au texte de cette protestation et aux noms des signataires. On peut, à cet effet, consulter l'*Annuaire des Deux-Mondes*, 1851–1852, page 79.

personnes dont la compétence en cette matière était connue, à des conférences tenues sous la présidence du prince, et dans lesquelles ont été élaborés les décrets des 25 et 30 janvier 1852, relatifs à l'organisation du Conseil d'État. Il fut, en outre, prié et pressé (ce fait n'est ignoré d'aucun de ses amis) d'accepter la présidence de l'une des sections du Conseil : la jeunesse de son esprit survivait à celle de ses forces physiques, qui, du reste, n'avaient encore reçu aucune atteinte sérieuse ; il avait toujours cru, d'ailleurs, qu'à moins de circonstances exceptionnelles, tout citoyen doit au gouvernement le concours que celui-ci lui demande spontanément ; on paraissait enfin, à ce moment, admettre encore que les fonctions longtemps et honorablement remplies sont un titre, non pas à la retraite forcée, mais à la confiance, et, pour le dire en passant, la pratique du système contraire[1], si courte qu'elle soit, prouve déjà, par les calculs d'ambition dont elle surexcite l'impatience, par le découragement dans lequel elle jette à l'avance l'homme dont la carrière va bientôt s'arrêter à jour fixe, que *le respect de la vieillesse est d'une politique plus morale et meilleure que les anticipations hâtives sur la mort pour faciliter l'avancement de la jeunesse.* (Villemain, *Souvenirs contemporains*, 1re partie, page 488)[2].

---

[1] Appliqué à la magistrature par le décret du 1er mars 1852.

[2] Voir aussi le remarquable discours que M. Sauzet a prononcé,

Après quelque hésitation, M. Maillard se décida d'autant plus volontiers à reprendre la présidence de la section du contentieux (redevenue une simple section d'instruction des affaires), que la longue habitude de ses fonctions en avait fait un besoin pour lui. *J'irai vous entendre*, avait-il dit à l'un de nous dans les premiers jours qui suivirent le 2 décembre, *lorsque le Conseil d'État sera réorganisé*. Il n'en eût rien fait assurément; mais ce mot prouve à quel point, sans s'en rendre bien compte, il redoutait une séparation dont l'heure ne lui paraissait pas venue encore, et dont il n'avait pas librement marqué lui-même le jour.

Placé dans le Conseil d'État nouveau pour y rappeler au besoin les traditions de celui de l'Empire, M. Maillard ne faillit point à cette tâche, que la sûreté, parfois incommode, d'une mémoire imperturbable lui rendait facile. Je me souviens, par exemple, de l'effet qu'il produisit, lorsque, dans la discussion du budget de 1853, il reproduisit, en mai 1852, l'opinion qu'avait exprimée Napoléon Ier sur les inconvénients et les dangers du ministère de la police; je ne me hasarderai pas à redire, après lui, les paroles du grand empereur; une fois de plus elles furent prophétiques dans cette circonstance, et cette institution, tant exaltée à sa résurrection en janvier 1852, ne tarda guère à être

en 1854, devant l'Académie de Lyon, sur le décret du 1er mars 1852, et qu'il a livré à la publicité.

supprimée par la sagesse du gouvernement mieux
éclairé en juin 1853.

XII

Le samedi 31 juillet 1852, M. Maillard arriva,
comme à l'ordinaire, de sa maison de Bellevue, où il
passait l'été, pour présider le Conseil d'État, siégeant
au contentieux. Avant d'entrer en séance, il fut appelé
à recevoir une communication dont il ne pressentait
guère l'objet, et, après une demi-heure, il vint occuper sa place avec le calme le plus parfait. Cependant
une demande bien grave lui avait été faite, et, à l'issue
de la séance, il apprit à quelques-uns de nous qu'il
n'était plus président de la section du contentieux,
qu'il avait *donné* sa démission. Le *Moniteur* du lendemain publia en effet un décret portant nomination
d'un nouveau président de la section du contentieux,
en remplacement de M. Maillard, *dont la démission
était acceptée*[1].

Le moment n'est pas venu de faire connaître plus
complétement et d'apprécier ce dernier acte de la vie

[1] Ce décret contenait aussi d'autres nominations et deux destitutions
pures et simples ; il était contre-signé par M. Achille Fould, inaugurant
ainsi son installation de la veille au ministère d'Etat.

de M. Maillard et les incidents qui s'y rattachent. Cet acte n'est lui-même qu'un épisode d'une histoire qui sera racontée à son tour, et que je ne dois ni ne veux mutiler [1]. Le seul regret que me fasse éprouver l'ajournement de cet autre récit, c'est qu'il ne m'est pas permis de rendre à M. Maillard, sans la diminuer comme sans l'exagérer, l'exacte justice qui lui est due dans cette occasion.

Quoi qu'il en soit, il n'est guère donné à un vieillard de rompre brusquement, à l'âge de soixante-dix-huit ans, des habitudes cimentées par cinquante ans d'une activité non interrompue, sans que ce changement produise une secousse qui laisse des traces plus ou moins profondes. M. Maillard pouvait d'autant moins échapper à cette loi de l'infirmité humaine, que, bien loin d'être adoucie par les circonstances qui l'ont accompagnée, l'épreuve était rendue plus pénible par ces circonstances mêmes. Aussi c'est de ce jour que date le déclin de ses forces. Lorsque, après deux mois, après les vacances de 1852, nous revîmes notre cher président (il a été notre président jusqu'à la fin), il n'est aucun de nous qui n'ait été frappé du changement survenu dans ses traits ; il n'est aucun de nous qui ne se soit dit et n'ait dit avec anxiété que la mort commençait son funeste travail. Plusieurs fois, en effet,

[1] Socordiam eorum irridere libet qui præsenti potentia credunt exstingui posse etiam sequentis ævi memoriam. (TACITE, *Annales*, IV, 35.)

de sinistres avertissements sont venus le frapper : éloignées d'abord et peu graves, ces crises se sont rapprochées, et la première partie de l'année 1853 a été pleine d'inquiétudes pour nous.

Cependant, au mois de mars de cette même année, un événement qu'il appelait de tous ses vœux vint le délivrer d'un poids que rien ne pouvait alléger pour lui : il eut le bonheur de voir la réparation d'une injustice dont il s'attribuait parfois la responsabilité [1], encore bien qu'il sût qu'elle était dignement supportée par celui qui en avait été honoré. Nul de nous n'oubliera la joie qu'il en éprouva, et ses forces semblèrent un instant se ranimer pour en jouir.

Il put encore passer deux mois à sa maison de Bellevue, où il vivait, comme à Paris, entouré de neveux et nièces qui comblaient, autant qu'il pouvait être comblé, le vide immense qu'avait laissé dans sa vie la perte de sa femme et de ses enfants [2]; mais les

[1] M. Maillard croyait, avec Cicéron, que le devoir commande, non-seulement de ne pas commettre une injustice, mais aussi de l'empêcher ou de la réparer : « Injustitiæ duo genera sunt : unum eorum qui inferunt; alterum eorum qui ab iis quibus infertur, si possint, non propulsant injuriam. » (*De Officiis*, II, 7.)

[2] Parmi ses neveux, il en était un, M. Maissin, qui, jeune encore, s'était déjà fait remarquer comme l'un des officiers les plus distingués de la marine française. Nommé gouverneur de la Guyane en 1850, il y fut enlevé au commencement de 1851 par la fièvre jaune, qui désolait alors cette colonie, et dont il dut, en partie, les atteintes au dévouement même avec lequel il s'efforçait d'en combattre ou d'en atténuer les ravages. Ce nouveau coup raviva cruellement chez M. Maillard des plaies toujours douloureuses.

jambes commençaient à lui refuser leur service, et de nouveaux accidents vinrent alarmer sa famille et ses amis. Ces alarmes s'accrurent surtout lorsqu'il annonça l'intention de prendre, comme à l'ordinaire, ses vacances en Poitou. Il réalisa pourtant ce voyage, et, à son retour, nous le retrouvâmes en meilleure santé que nous n'avions osé l'espérer.

Le dimanche 15 janvier 1854, M. Maillard passa encore la soirée en famille, trouvant fréquemment l'occasion de placer quelques-unes de ces citations poétiques que sa mémoire si ornée et toujours si prompte lui fournissait avec une inépuisable facilité. Dans la nuit, une crise pénible se déclara : luttant contre la douleur avec une énergie qu'il avait trop souvent poussée jusqu'à l'imprudence, il ne permit pas d'abord que l'on prévînt sa famille, et ce fut le matin seulement que le médecin put être averti. Celui-ci ne dissimula pas à ceux qui l'entouraient la gravité de la situation du malade. Les secours de la religion, que M. Maillard avait une première fois appelés de lui-même quelques mois auparavant, furent aussitôt réclamés, et, quoique privé de la parole, il les reçut avec toute sa lucidité. Peu après, il tomba dans un assoupissement dont il ne s'est pas réveillé, et le 16 janvier, vers onze heures du soir, il rendit paisiblement le dernier soupir.

XIII

M. Maillard est mort sénateur; ce titre lui avait été conféré par un décret du 31 décembre 1852. On croira sans peine qu'il ne l'avait pas demandé : je ne sais s'il se trouve des hommes assez sûrs d'eux-mêmes pour solliciter l'honneur de faire partie d'une assemblée qui est ou doit être composée de *toutes les illustrations du pays* [1] ; ce que je sais, c'est que M. Maillard n'avait point désiré cette promotion, c'est qu'il a hésité beaucoup à l'accepter, c'est qu'enfin son hésitation a été uniquement levée par un motif qui, s'il pouvait être révélé ici, ne rencontrerait aucun contradicteur.

XIV

M. Maillard était, à certains égards, une de ces *natures tempérées et moyennes* dont parle Montaigne (*Essais*, livre Ier, chap. 29). Sans redouter la discussion et la lutte, il ne les aimait pas pour elles-mêmes;

[1] Proclamation du 2 décembre 1851.

aussi, en toutes choses, une parfaite modération, un sentiment exquis des convenances, un respect scrupuleux du droit d'autrui, étaient sa règle constante et invariable. Il s'appliquait volontiers et il était fondé à s'appliquer cette devise d'Horace :

Quid verum atque decens curo et rogo et omnis in hoc sum.

Parmi ses amis, il s'en est quelquefois rencontré qui lui ont reproché son organisation même, lui ont reproché d'avoir les défauts de ses qualités. Mais il y a tant de gens qui ne rachètent pas même leurs défauts par quelques qualités, avec lesquelles ces défauts pourraient s'allier ! D'ailleurs, si M. Maillard n'avait pas cette virilité exceptionnelle de caractère que les temps actuels ne connaissent guère et ne sont guère propres à enfanter ; si sa déférence à certaines exigences a pu quelquefois être déterminée par des considérations qui n'auraient pas triomphé d'une résolution plus mâle, il ne faut point oublier et nous ne saurions trop rappeler que, malgré les perturbations au milieu desquelles il a vécu, il observait jusqu'au scrupule cette loi fondamentale qu'il s'était faite, de respecter, avant tout, le principe de l'autorité. Chez lui, du reste, ce scrupule, digne de sympathie même aux yeux de ceux qui ne le partagent pas au même degré, avait ses bornes infranchissables : chez lui la conscience ne capitulait pas, et, quelque naturel que semble un tel mérite, il n'est pas encore si commun qu'on puisse en dire, comme de l'esprit, qu'il court les rues.

Ce tempérament moral de M. Maillard a contribué à lui inspirer la philosophie pratique qui le caractérisait et qui l'a aidé à traverser avec calme, sinon les grandes douleurs de sa vie, du moins les épreuves qu'ont amenées les événements dont il a été le témoin. Je me souviens qu'en 1848, au moment où nous voyions défiler sur le quai d'Orsay ces manifestations populaires que le moindre prétexte provoquait à chaque instant, il était toujours le premier à nous rassurer : *Bah ! bah !* disait-il, *tout cela passera, j'en ai vu bien d'autres.*

M. Maillard aimait les lettres avec une véritable passion. A l'école polytechnique, ses camarades l'avaient déjà appelé le *petit Talma :* son goût pour les vers, que, dès cette époque, il disait avec le charme dont nous avons joui plus tard, lui avait valu ce surnom. A toutes les phases de sa vie, le commerce assidu des grands maîtres de la littérature, des chefs-d'œuvre de l'antiquité classique et du siècle de Louis XIV, a été sa récompense et son délassement de ses travaux administratifs, en même temps qu'il y retrempait son esprit pour reprendre des affaires nouvelles. Dans une des dernières lettres qu'il a écrites, en septembre 1853, il exprimait le regret d'avoir, pour la première fois, oublié d'emporter en

Poitou son Horace, qui, depuis quarante ans, n'avait point quitté son bureau ou sa valise. *Non multa, sed multum*, disait-il : la culture qu'il avait donnée à son esprit l'avait rendu difficile, et, vers la fin de sa vie, il relisait plus volontiers encore qu'il ne lisait.

Mais ce qui constituait, sinon le trait le plus éminent, du moins le charme le plus séduisant de cette heureuse nature, c'était une bienveillance que rien n'épuisait, une bonté empreinte de la plus rare délicatesse, une âme pleine de chaleur et s'ouvrant avec effusion à tous les sentiments généreux.

Un jour, en 1849, un de ses amis s'étonnait de ne pas le trouver assez affecté d'un mauvais procédé, et, poussant graduellement l'étonnement jusqu'à une sorte d'irritation, il se laissa aller à lui dire : « On croirait vraiment que vous ne sentez plus rien. — Mon ami, lui répondit M. Maillard, racontez-moi un beau trait, une belle action, et vous verrez si je ne sens plus rien. »

Aussi ne se contentait-il pas de rendre avec obligeance les services qu'on venait lui demander ; il faisait plus, il les prévenait ; il aimait surtout à aller au-devant des jeunes gens auxquels il pouvait être utile, il stimulait leur réserve, il les forçait à s'aider eux-mêmes et à accepter l'aide qu'il leur offrait, et il savait employer au besoin les artifices les plus ingénieux pour triompher des scrupules excessifs qu'il pouvait rencontrer. Les preuves se présenteraient en foule à l'appui de ce souvenir ; mais elles m'exposeraient peut-être à l'inconvénient de divulguer des noms propres, et, quoique le nombre soit grand des gens qui oublient le bienfait dès qu'il est rendu, j'aime à espérer que M. Maillard fera exception à cette règle dans la mémoire de tous ceux qu'il a obligés ou servis. Qu'il me soit permis, cependant, de placer ici une seule citation. Préoccupé, dans ses dernières années, de la situation d'un ami que des circonstances momentanées pouvaient rendre embarrassante, et ne sachant comment aborder le sujet délicat qu'il désirait entamer, il fait tomber un jour la conversation sur la littérature, sur La Fontaine, et il se met à réciter la fable des *Deux Amis*. Quand il a fini, il reprend aussitôt ce vers :

L'un ne possédait rien qui n'appartînt à l'autre.

et, le commentant avec entraînement, il obtient d'abord de son interlocuteur la promesse de se rappeler au besoin cette condition de l'amitié. Mais ce n'est pas assez pour lui : « Vous hésiteriez peut-être, ajoute-t-il, à tenir cette promesse, j'en ai une autre à vous demander. Acceptez ce dépôt, je n'ai qu'en faire et je ne puis mieux le confier qu'à un ami, » (et il lui remit en même temps des valeurs importantes,) « et promettez-moi de vous en servir dès qu'il vous deviendra nécessaire. »

Doué d'un esprit fin et gracieux, M. Maillard n'a jamais abusé ou même usé de cet avantage pour se permettre le plaisir offensif d'un bon mot qui pût déplaire ou blesser. Aussi ne faut-il pas s'étonner si, dans le cours de sa longue carrière, il ne s'est connu aucun ennemi ; il n'aurait pu du moins en avoir que parmi ceux qui lui ont fait du mal ; car, ainsi que le dit Tacite, *proprium est humani ingenii odisse quem læseris.* Un ministre, qui était lui-même un des plus parfaits modèles de bienveillance qu'il fût possible de rencontrer, M. Martin du Nord, lui disait un jour : « Vous êtes bien heureux, monsieur Maillard, tout le monde dit du bien de vous. — Cela tient sans doute, répondit M. Maillard, d'abord à ce que je suis en dehors de la politique, qui par conséquent ne me fait pas d'ennemis comme à vous, et ensuite à ce que je ne dis du mal de personne. »

C'est surtout par ce dernier côté de son existence que M. Maillard s'est concilié tant et de si vives affections ; c'est, en même temps, par sa persévérante fidélité à une idée morale, pleine à la fois de simplicité et d'élévation, qu'il a conquis l'estime sympathique et profonde de tous ceux qui ont saisi et compris dans son ensemble l'unité et la dignité de sa carrière. L'esprit ne séduit que l'esprit, quand il ne le blesse pas ; le caractère et le cœur captivent l'homme tout entier

FIN.

www.ingramcontent.com/pod-product-compliance
Lightning Source LLC
Chambersburg PA
CBHW061338060726
47596CB00003B/1322